The World According to Karl

卡尔·拉格斐的世界

[德]卡尔·拉格斐 著

[法]让-克里斯托弗·那皮亚斯　桑德琳·古尔本基安 编

林家任 译

中信出版集团 | 北京

图书在版编目（CIP）数据

卡尔·拉格斐的世界 / (德) 卡尔·拉格斐著；
(法) 让-克里斯托弗·那皮亚斯，(法) 桑德琳·古尔本
基安编；林家任译. -- 北京：中信出版社，2021.3（2025.2 重印）
书名原文：The World According to Karl
ISBN 978-7-5217-1735-8

Ⅰ. ①卡… Ⅱ. ①卡… ②让… ③桑… ④林… Ⅲ.
①拉格斐 (Karl Lagerfeld, 1933-2019) —生平事迹 Ⅳ.
①K835.165.72

中国版本图书馆 CIP 数据核字 (2020) 第 054843 号

Published by arrangement with Thames & Hudson Ltd, London

卡尔·拉格斐的世界

著　　者：[德] 卡尔·拉格斐
编　　者：[法] 让-克里斯托弗·那皮亚斯　[法] 桑德琳·古尔本基安
译　　者：林家任
出版发行：中信出版集团股份有限公司
（北京市朝阳区东三环北路27号嘉铭中心　邮编　100020）
承 印 者：北京利丰雅高长城印刷有限公司

开　　本：880mm × 1230mm　1/32　　印　　张：5.5　　字　　数：65 千字
版　　次：2021 年 3 月第 1 版　　印　　次：2025 年 2 月第 5 次印刷
京权图字：01-2019-3791
书　　号：ISBN 978-7-5217-1735-8
定　　价：78.00 元

CONTENTS 目录

FOREWORD

序言

The Regular

不合常规的人

任何人若是曾和卡尔·拉格斐——那个长期以来藏身墨镜底下，看人但不被人看，“真正的”拉格斐相处过，不论时间长短，都会知道他是个活在当下的人。但熟悉另一个面向的拉格斐，或者熟悉其他面向的拉格斐的人，可能也会知道他对诸如德芳侯爵夫人（Madame du Deffand）、莱斯皮纳斯小姐（Mademoiselle de Lespinasse）这些在19世纪的巴黎主持沙龙的奇女子，以及在18世纪和笛卡儿通信交流的帕拉婷公主的世界有多么熟悉。她们的著作、生活方式，还有罕见的智性世故，无不燃起拉格斐的熊熊想象。

和卡尔·拉格斐见上一面，甚至单单从电视荧幕上见到他，就能明白他那让人难以置信的心灵世界。他精通过去沙龙里那种几如近身肉搏的言语攻防之道，这一点似乎遗传自他的母亲。卡尔经常提起他的母亲（我们稍后也会在书中读到），拉格斐的母亲伊丽莎白锐利如刀锋的机智，和她的儿子如出一辙。拉格斐的言谈永远不乏轻盈的响应，他不知反应迟钝为何物，敏捷迅速的应答可能会让旁人胆战心惊。在他面前，众人相形之下无一不显支吾口拙。如今，过往沙龙里火光四射的对话艺术已沉寂许久，这种长久传统的余烬大抵在 20 世纪 60 年代末，就已随着德·诺瓦耶(de Noailles)、德·维尔莫兰（de Vilmorins)等 19 世纪的重要人物辞世而消失。伴随而来的社会互动和文化机构纷纷出现，人类的新生活形态也随之出现；而拉格斐在最初即热切拥抱，且在日后获利甚丰的成衣业在此时出现也绝非偶然。

如今我们生活在一个“全球沙龙”的时代，生活中满是“分享”，而非对话。新鲜事物前仆后继、争相竞逐、蜂拥而至，大家还得随时保持网络畅通才行。生活在这样的年代，无人能比熟知阿依赛小姐 (Mademoiselle Aïssé) 作品的拉格斐更如鱼得水。他自在大方地以多种语言，通过报刊、广播、电视响应媒体的提问，只为从中求得乐趣。各式媒体中的字句话语传送到每个人的眼里或耳中，尽管这些话语字句被人不厌其烦地取用、琢磨，最后放大传播到全球，力道之强甚至足以惊扰总统，但最后仍注定会归于当下的尘土中。然而拉格斐并不在意，他从不在乎后世。我们相信，他不过是希望自己所言能散播出去，而后渐渐淡逝。

有鉴于此，若非本书编辑开始搜集他的话语、字句，这些语句可能会在让听者嘴角留下一抹微笑之后，就此消散无踪。书中的搜集结果成就了一幅出自他人之手的拉格斐“自画像”，一句话就是拉格斐的一个面向或一个篇章，一种他对于生活的个人宣言；而这些宣言背后碎片般的本质，则让我们感受到一个确实“不合常规”的人物细腻、令人为之着迷的形象。“不合常规”一词当初曾被人用来形容香奈儿小姐，容我在此借用。读者须判别这幅拉格斐的“画像”是否忠实呈现出他的面貌，也可从中估量出这位人物的聪明才智与复杂的内心。他乐于挑战因循守旧的传统，更善于断言自己的价值和正确的认知。拉格斐的美德就在于其睿智聪明、善于剥除欺蒙的幻象，而他所剥除的幻象甚至包含他自己的形象。唯有像卡尔·拉格斐这么一位假面具高手和伪装大师，才能撑得起如此严苛的理想。本书的参与者皆有一项共同的热情，那就是对油墨和书本那百折不挠、永无止境的热爱。即使像拉格斐这么现代甚至超现代的人物也表示，他坚持在购书时同一本书要买三本：一本用来翻读，一本用来剪贴，另一本则会送入他的个人图书馆作为藏书。

本书的编者多少都与图书产业有所关联，而在下也将读书视为自己生活的理由。我们无不随时扩增自己的藏书量。因此，当我们心生搜集拉格斐言谈的想法时，似乎理所当然地要以一本书的形式，作为对这个拥有罕见的自由心灵和拥护强烈意念之人的致意。或许，他会将这本书加入那包围着他、带给他灵感启发的成堆藏书中。

帕特里克·莫列斯（Patrick Mauriès）

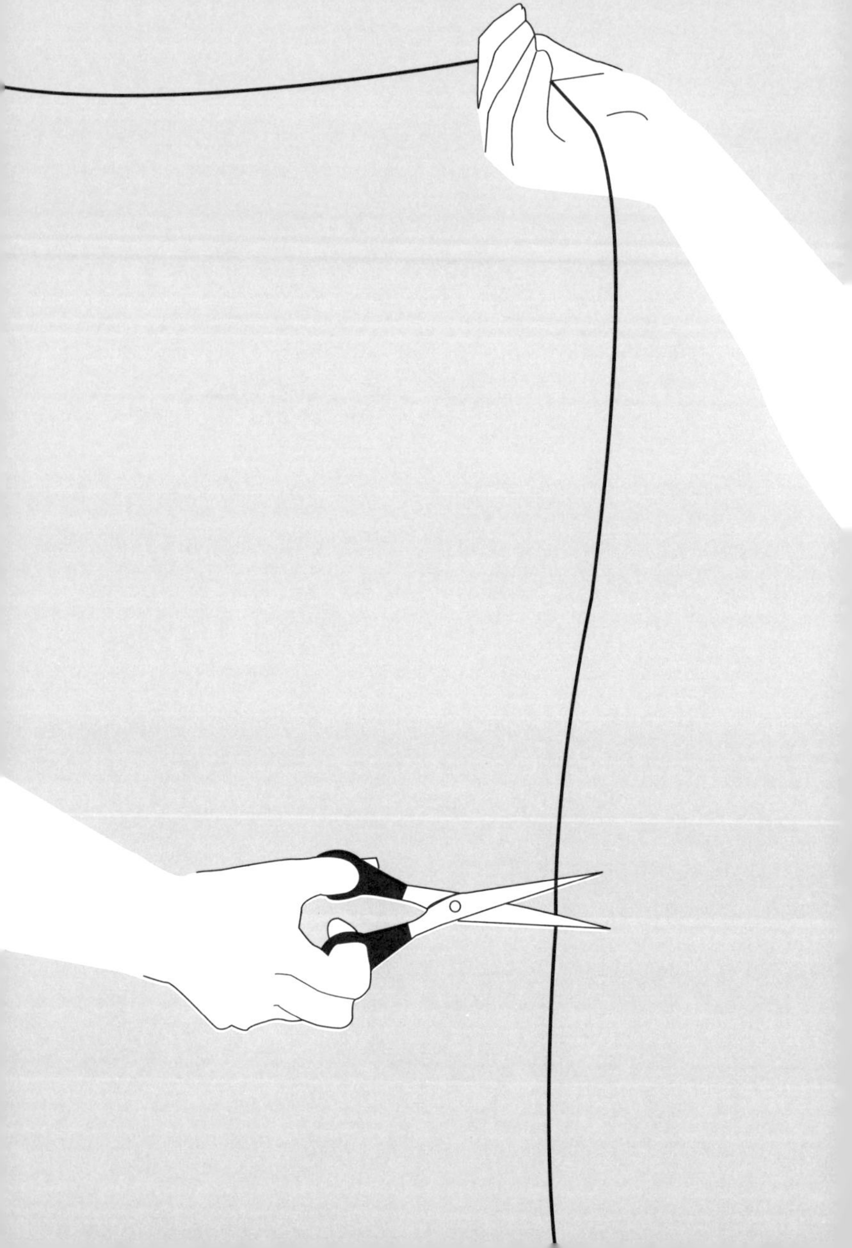

卡尔论生活

KARL *ON* LIFE

我是个见证者。一个永不厌倦地坐第一排观看这个世界的任性观众。如果说秀场台下有好戏的话，那就更好了。我在台下比在台上自在，因为这年头的好戏都发生在观众席间。这些戏有时糟糕透顶，但从不无趣。我想再活个120年，看看这世界会如何进化。

我一点都不喜欢被人看。要是被人盯着瞧的话，我会离开——因为我一天24小时都在演戏，面对自己亦然。

我构筑了自己的现实。我创造出一套自己的系统，让我能为自己的生活分类。身处这个唯我独享的宇宙里，我乐在其中。

My autobiography?

I don't have to write it.

I'm living it.

我的自传？我不必写自传。

我正活在其中。

For me, work is

CALM,
COLD,
ORGANIZED.

I hate hysteria.

对我而言，工作是
平静的、冷酷的、有序的。
我厌恶歇斯底里。

我讨厌假日！假日是给那些总是得待在同一个地方、做同一件事的人的。我奔波于米兰、巴黎和纽约之间，我的时间都花在这些地方。我每天自动自发地工作 20 个钟头，我就是独立专业人士的定义。

我主张一天该有 48 小时。只有 24 小时，我没办法应付。

当我很年轻、刚开始工作时，我的责任就是要比别人做更多的工作，好显示出他们的不得要领。

我不是一个严肃的人。事情自然而然找上门。我凭直觉行事，从不拿成百上千的问题折磨自己。

I know revenge is mean and horrible, but I see no reason why I shouldn't do something back if somebody has done something bad to me.

When people think it's all forgotten I pull the chair away – maybe 10 years later.

我知道报复行为既卑鄙又恶劣，
但是，如果有人曾对我做过什么坏事，
我找不到什么理由不做点儿什么来回敬对方。
当大家觉得事情全都烟消云散了，我还是会把仇人的椅子给抽走
——也许是在十年后。

我从不抽烟、从不喝酒，也从不嗑药，不过，我也不能忍受一副臭脸的清教徒和加尔文派。相反，我只喜欢那些喝酒、抽烟、做尽那些我不会去做的事情的人。有些人注定要把自己给毁了，这点我很欣赏，不过，我是注定要存活下去的。生存本能是我最高深的本能。身处安全网内我才会冒险。

我的能量从何而来？

嫉妒、欲望和说服力。

精神分析！首先，这东西会扼杀创造力。再者，如果你诚实看待自己，那么你就会知道所有的问题和答案。我不需要精神分析师，因为我知道答案为何。

我从不喝任何热的东西。

我不喜欢热饮——很奇怪。我从起床到就寝之前都喝健怡可乐，即使夜半三更也是。

我从没想过要生小孩。因为，如果这孩子表现得没比我好，那么我不会爱他；如果他表现得比我还好，那么我同样不会爱他。

如果我是女人，我就会想要孩子。不过，既然我不是女人，那么这问题就到此为止。

我童年的愿望就是不要当小孩。那时我觉得当小孩太丢脸了。那是次等人类。

我还留有孩提时卧室里的家具。那是我在父母过世后唯一留下的东西。有朝一日，当我成了一个小老头，身体缩了水，我会和这些沙发、抽屉柜、椅子，以及我用来写字、画画的桌子一起生活……然后我会睡回童年时代的床上。

我身边围绕着一群青春貌美的年轻人。
我讨厌见到丑陋。

我喜欢让自己被音乐、书本、纸张包围，画素描、涂鸦，深沉思考；给自己洗洗脑、写几封信。我从不觉得孤单。对我而言，孤独的意思是又老、又病、又穷，而且身边无人陪伴。但是，如果你的名声尽人皆知，而且你又有点儿钱，这就是奢华的极致。你得去奋力争取……

我不喜欢当演员，因为我这辈子早已是一出哑剧。

在我年轻时，我想当个讽刺画家。到最后，自己却成了一幅讽刺画。

每天早上，我会花短短 15 分钟做造型：帮玩偶做造型。这可是一种深度的专业训练形式。

我独居，这不成问题——这是极致的奢华。

我喜欢非常年轻的路人在街上跟着我，要跟我合照，这是我人生最大的成就。

The personality I project to the media is a puppet. IT'S ME PULLING THE STRINGS. The most important thing is for the strings to be well tied.

我投射在媒体上的人格是一尊玩偶。
操控线绳的人是我。
其中最重要的，
就是要把线绑紧。

大家几乎可以说出或写下他们喜欢我的哪个部分。

因为我是按照这个准则来工作的：

**'SAY
WHAT
YOU
LIKE,
AS LONG AS
IT'S
NOT
TRUE.'**

"尽管说出你喜欢什么，只要那不是真的就可以。"

我偏好从我的角度去观看、诠释这个世界。而后我会去旅行，看看实实在在处在那里的东西是不是和我脑子里所想的一样有趣。

我没有任何困扰，这是我人生的奇迹。没有困扰，只有或好或坏的解决方式。

我现在一个人生活。我总看到自己身旁的自己，所以一直都有两个我。其中一个我嘲弄另一个我，那个将世事看得透彻清明的我。

我的人生是一部科幻小说。无论如何，世人认为他们对我生活的认知和实际之间的落差，大概就如科幻小说。现实其实是另一回事……而且比较无趣。

进城吃晚饭不是我的喜好。反正也没人会邀我去，或许他们是怕我会给他们打分数。

心情不好时，我不想要朋友。我发现这太让人不快了。我心情好时才想要朋友。其余时刻，我会自己处理。

我有一种本能，胜过所有其他，那就是：生存本能。

我无须采买食物，因为我几乎不吃。

除了画图、交谈和读书之外，我没有多少可做的事。我是说，我知道怎么打开冰箱，但我不知道怎么烹饪。

PEOPLE WHO TELL ALL APPAL ME

口无遮拦的人让我惊骇

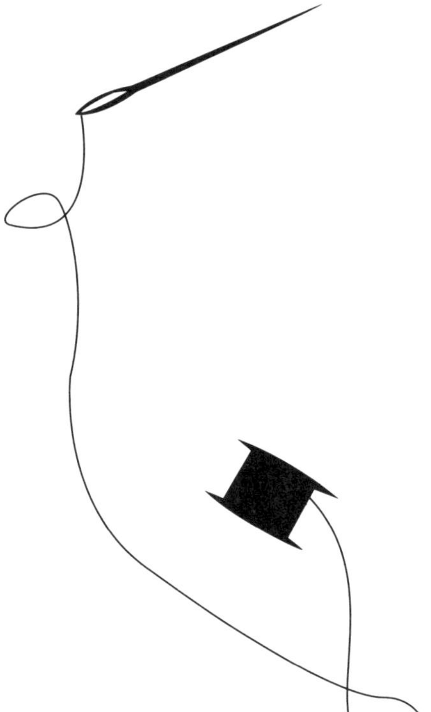

卡尔论时尚

KARL *ON* FASHION

I love the
EPHEMERAL:
fashion
IS MY
PROFESSION.

我热爱朝生暮死：时尚是我的职业。

我厌恶这个行业那些陷在某些特定时代的人，而且他们认为这世界疯了。这世界没什么问题，只是有了变化。

时尚是当下之事。一件连衣裙最好的结果就是被人穿上。时尚无关在博物馆内展览。

我喜欢在衣服上一掷千金，因为我是做衣服的，而且也从服装上赚了不少钱。别人也得赚到钱才是。

When you hear designers complaining about the challenge of their profession, you have to say: don't get carried away –

IT'S ONLY DRESSES.

当你听到设计师抱怨工作上的挑战时，你得说：别紧张，那不过是件衣服而已。

时髦是俗气前的最后阶段。

在时尚界，你总是得先摧毁某些东西，好让它重生；
你得去爱你曾经憎恶的，憎恶你曾经爱过的。

时尚极其肤浅。如果你决定选择时尚作为职业，
那么就得接受它的本质。

我记得有个设计师说过，她的衣服只给聪明的女人穿。
当然，她破产了。

时尚所表现的东西不会持续，风格才会。

但风格得尾随着时尚才能存活。

你可以说时尚创造了潮流，优雅则追随着时尚。

时代已经变了，标准亦然：如今时尚贵族已不复存在。

时尚是你赋予事物的、使其演化的灵魂。

每个时代都有其应得的时尚。

If you ask me
what I'd most
like to have invented
in fashion, I'd say
the white shirt.
For me, the shirt
is the basis of
everything.
Everything else
comes after.

如果你问我，
我最喜欢哪种时尚单品的发明，
我会说是白衬衫。
对我而言，衬衫是所有衣饰的基本。
其他各种发明都是随之而来。

喜爱时尚也代表将时尚元素穿戴上身。

时尚关乎态度，更甚于衣饰细节。

时尚就像海洋，或是爱：会如海浪般潮来潮往。

年轻设计师是不错，但通常他们缺少技巧上的知识。华伦天奴和我辛苦多年，他在让·德塞（Jean Dessès）工作室学艺，而我则是在皮埃尔·巴尔曼(Pierre Balmain)。我们清楚自己在那里不是去搞艺术评论，我们是去学手艺的。

Fashion is like music: there are so many notes.... You need to play around with them. We all have to make our own tune.

时尚就像音乐：

有那么多音符……你得和这些音符嬉戏。

我们都得创造出属于自己的曲调。

Fashion is a game

that has to be played seriously.

时尚是一场游戏。当你参与其中，可得谨慎行事。

时尚无关道德，但它却能增添你的魄力。

何为时尚？这个嘛，万事万物皆时尚！

时尚由两种东西组成：持续性及相对性。

这就是你得不断前进的原因。

时尚的世界朝生暮死，既危险又不义。

KARLISMS 1

卡尔主义 I

KARLISMS

1

快乐不会凭空而来，努力才会有，而且得费点儿力气。

曾经有段时间，人人皆知如何在严肃、认真的同时，也能保有灵动、机智。时代已经变了。

每个时代皆有其应得的坏品位。

曾经有段时间，所谓的“上流社会”人士打电话时会由彼此的仆人接应。但现在这些人的电话响个不停，而且还认为，如果可能的话，应该在铃响时马上接起来，搞得自己活像是在旺季的大饭店接待处工作。

The only thing that lasts
is the ephemeral.

THE FRAGILITY
OF LIFE
AND FASHION

suits me
very well.

朝生暮死是唯一会持续的事物。生命和时尚的脆弱与我甚为契合。

对于你已被人判定的形象，你得有勇气去面对。

艺术是一种你所感受到的东西，你无须拥有。

如果你不喜欢你的职业，那才叫工作。当你喜欢上你的职业的那一刻，那就不再是工作了。

处在政界的人有个麻烦。他们如果打扮得太好，那就是个问题。如果打扮得不佳，同样也是个问题。所以他们得找到界限。这可不容易。

若要能接受所有的高峰，那么你同样也得明白所有的低谷。

丑陋已然进化。内在的丑陋比外在的丑陋影响更甚。

事物若是重要，不是在各个层次上都与其他东西有所联系，而是能保持良好联系。

你一定要永远无惧改进，否则只会招人唾弃。

认为外表在这个年头并不重要，那还真是谎言：外表能让你和自己安然地和谐共处。

个性，始于不再与他人相较之时。

THE
MINK
IS
A
VERY
DANGEROUS
ANIMAL
THAT
HATES
MAN.

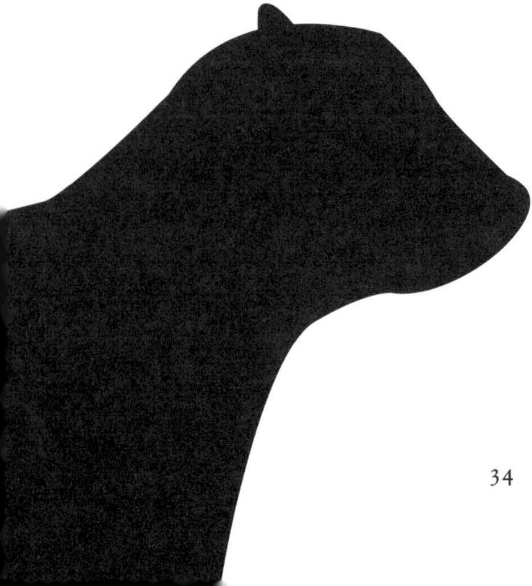

貂是一种憎恨人类的危险动物。

失意是犯罪之母。

如果你过于井井有条，就不会有新发现。你永远不会尝到或是明白偶然间找到东西的乐趣。

同性恋就和头发的颜色一样，如此而已。而且，还可以避免碰上让人受不了的婆媳问题，我母亲经常这么说。

如果刻薄是精神上的，那么就情有可原，但如果这刻薄是无缘无故冒出来的，那就不可饶恕了。

开始一种新生活是永无截止日期的。

改变是最健康的生存方式。

世上没有什么比提起“想当年”更糟糕的了。对我来说，这就是承认失败的终极形式。

哀叹自己的过去，就是没有未来的开始。

当你认为过去比较美好的那一刻，你的现在就成了二手货，而你自己则成了老古董——这对服装而言，还说得过去，但在人身上可就不太妙了。

人生可不是选美比赛，人的智慧会存续，但青春和美貌则会过季。

人在年轻时，总会有点儿蠢，但让人不至于沉沦的，是我们日后会明白自己的蠢。

青春是借来的：拥有青春之人，明朝就会失了青春。

青春，是一种中年人的虚构之物，好让其他人觉得自己更老。

青春，是一个所有成员有朝一日都会被除籍的俱乐部。

无论何时，伴随着成功的，是下一次你得为其付出代价。不管你做什么，世人都会说："噢！这次没有上次那么好。"于是你再多加把劲，又变好了。记忆会让事物变得比其本质看似更加伟大，这一点你得知道才行。

对摇滚明星的执迷是件好事，因为现在即使是不喜欢牛仔裤和摇滚乐的人，也认为自己穿上牛仔裤，看起来就和摇滚明星没两样了。

若你想让别人因为你的举动而爱你，那么你应该停止当下的行为。

你得去做旁人认为不该做的事。

Think pink

AS DIANA VREELAND SAID
BUT DON'T WEAR IT.

Think Pink

（同名曲出自电影《甜姐儿》）

但就像 VOGUE 前主编戴安娜·弗里兰所说的——别把这颜色穿上身。

卡尔论风格

KARL *ON* STYLE

当我听到哪个老糊涂说“优雅已逝”时，我会告诉他：“不，优雅没死，只是面貌变了。”

如果你没有优雅的体态，那么即使最优雅的服装也改变不了这一点。一个埃塞俄比亚的农人可以极其优雅，而一个家财万贯的富人看起来也可能活像个油壶。

一个人的优雅无关衣饰繁多，或是荷包满满。

WHAT IS A 'STYLE'? IT STARTS WITH BREAKING AWAY FROM CONVENTION, SMASHING ACCEPTED REALITY.

"风格"是什么？

风格从打破常规、

击碎已被接受的现实开始。

The clothes don't have to suit you; you have to suit the clothes.

衣服不必配合你，你得去配合衣服。

优雅是一种态度，一种律动的方式。它不是一种取得专利的想法：这几年来，人的志向和想法都变了。

如今，我认为优雅是一种道德或身体上的现象，与布料、化妆品、香水无关。

人生总有一段时间，对于美丽与青春的想法，都会让位给风格和优雅。

“远近驰名”：这种表达真是无趣、老气。就像店员会说：“这位女士真是远近驰名。”我一点都不想远近驰名，不过我倒是不介意旁人认出我来。

拥有风格，关乎自己能悠游自在地和周遭环境相处，因为，到头来，有趣的还是融入时代。

松垮、起皱的夏装会让我抓狂。我厌恶皱纹，如果可以这么说的话。发皱的衣服穿在 25 到 30 岁的人身上倒还可以，但不幸的是，要是过了这个岁数，可就糟糕透顶。我讨厌街上那些活像是偷了孙子的衣服来穿的人。

慢跑裤是失败的象征。对自己的人生已经失控，才会穿着慢跑裤出门。

我希望鼻子上有个小凸起，这样挺时髦的。

One is
never
underdressed
or
overdressed
with a
**Little
Black
Dress**
or a
**Little
Black
Jacket.**

穿上一件黑色连衣裙或是黑色小外套，你永远不会显得打扮随意，或是过度打扮。

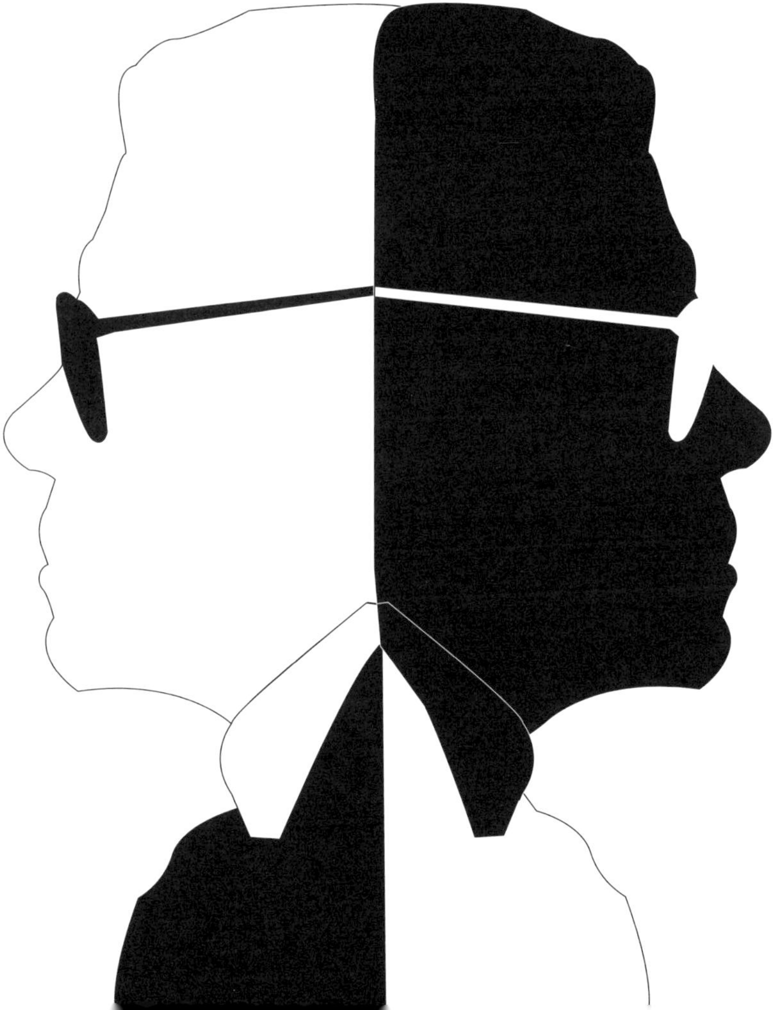

卡尔论卡尔 I

KARL *ON* KARL *1*

我是个黑白分明的人。

我是个空中特技飞人，但底下有张坚固的安全防护网。我稍有弱点，但脆弱与我格格不入。

开心？不，我没这种野心。

我不像尚福（18 世纪法国作家），每天早上出门前还忙着写自己的妙语之作。

我像是个雇佣兵，要是这支军队战斗力精良的话，那还好说；不过，要是战斗力不佳，那我也没辙了。

I AM

a walking meringue

my own iPad

a one-off

a very good scanner

here to do, not to have done

less horrible than I seem

entirely at my disposal

born to be alone

我

是一片行走的蛋白酥饼

是我自己的 iPad

绝无仅有

是非常好的扫描机

是来这里做事的，不是让人伺候的

实际没有看起来那么吓人

完全随心所欲

注定孤独

I AM A
BLACK DIAMOND,
UNFACETED.
BLACK DIAMONDS
ARE RARE,
HARD TO CUT, AND
THEREFORE
UNCOMMERCIAL.

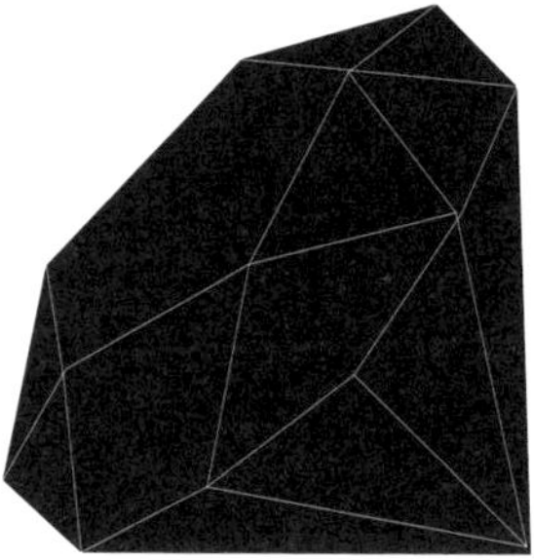

我是一颗黑钻石，没有切面。

黑钻石稀有罕见，硬得难以切割，也因此无法用金钱衡量。

倒不是说我认为自己很好，而是这么想有可能更糟。

我赶不上自己的个性。这个性是一连串的进化和偶然的机遇所造就的。我的个性并不是我认为的东西。

我喜欢别人认为我很邪恶的想法。我想，我有点儿像傻瓜。

我从来没快乐过。我处在永远不满的状态中。

一语双关的文字游戏正合我意，我就是喜欢这玩意儿。

我从不懊悔或遗憾，每当提到过去，我就患了失忆症。

事实上，我跟教文学的老教师无异——除了没开课教书之外。我是自己的老师，好奇心也随着年纪而增加。

我的契约签给了人生。我被判了死刑，也被判了活下去。

我没有什么好传承下去的，我是个彻底虚假之人。

普通人会觉得我是个疯子。

I am a living label.
My name is

LABELFELD

not Lagerfeld.

我是个活生生的品牌，我的名字是 LABELFELD

而非 Lagerfeld。

我就像是自己的漫画人物。

像是一张面具。

对我来说，一整年都是威尼斯的嘉年华。

I am like
a caricature
of myself.

*LIKE A
MASK.*

For me, the Carnival of
Venice lasts
all year.

独处时，我永远处在无止境的坏心情中。

我是 iPod 之王。

我在这里打滚太久了，连史前人类也无法相比。

我活在当下，又出离当下。

我像清教徒……不过倒是不会显露太多。

直到我告别人世那天，我都会以清教徒的方式过活：我不喜欢酒精，不喜欢嗑药，也从不对性爱执迷。我是美德的典范，一个不太匹配的美德典范。

我赞成一般人对独身的看法。

我的表面之下没有其他东西，只是表面而已。

我不在任何地方定居，我是个自由的欧洲人。

我有三种人格。当我说英语时，是一种；说德语时，是一种；而当我说法语时，又成了另外一种。

我是彻底的即兴创作之作。

我无意平凡。

I am

modesty itself.

我即谦虚。

卡尔论香奈儿

KARL *ON* CHANEL

香奈儿的成功之处，在于知道如何清楚地表达她个人的特质。品牌百年流传的旋律都建构在五个音调上，而女人们马上就能认出香奈儿的精髓：奢华、优雅。

我试着借由思索歌德的诗句，让香奈儿的风格进化：创造更好的未来，要建构在过去之上。

说到底，我只是人家花钱请来让品牌不朽的雇工，这一点你可不能搞错。

香奈儿留给我们的是比时尚更好的东西：风格。而风格，正如她所训示的，并不会过时。

I juggle

with what I know and what I don't know about her.

我运用对她的所知与不知，大玩戏法变化。

She invented something:
she invented the 'total look'.
She was the first to want
a 'woman's perfume with a
woman's scent', for herself alone.
Jewels for her collection.
From hats to shoes, from
chain-belts to camellias, from
bows to bags, she transformed
the accessory, she turned
the trivial into
the essential.

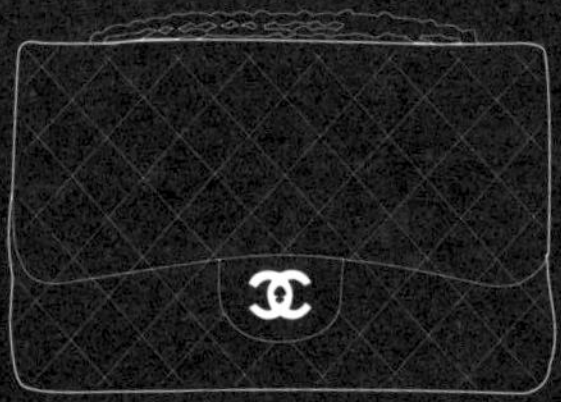

她发明了一些东西：她创造了"整体装束"。

她是第一个为了自己，而让"女人的香水有女人味"的人，为了自己的服装系列搭配珠宝。

从帽子到鞋履，从链条到山茶花，从领结到包袋，她改变了配件饰品，

让细碎的小东西变成时尚必备之物。

20 世纪 30 年代，香奈儿的蕾丝服装比套装更为世人所知。如果你说到蕾丝，我会想到香奈儿。法文里的蕾丝叫 dentelle，和 Chanel 押韵。

我最喜欢的可可 · 香奈儿，是刚开始时的那个形象。叛逆、古怪，在某个歌剧首演前的夜里把一头长发剪短，只因为热水器炸开，烧坏了她的秀发。我喜欢她调皮时的邪恶，她的聪明机智。我在设计系列服饰时，想的都是她。

我所做的，可可 · 香奈儿都不会去做。她可能会恨死我的作品。

I adore Chanel

but it's not me.

我仰慕香奈儿，但她不是我。

香奈儿是她那个时代的女人。她不是一个沉湎于过往的人。相反地，她厌恶过去，甚至包含她自己的过去，她的一切成就皆由此而生。这就是为何香奈儿这个品牌得有契合当下的形象。

我完全了解香奈儿的 DNA，它已经强大到无须开口讨论了。

香奈儿的想法是要成为端庄的淑女。但是现在端庄变得无趣，而我得力抗无趣。我得努力让香奈儿呈现这样的形象：有趣、现代，和过去毫无联结，因为过去是一种想象。把过去当成现实来尊敬，这可是会要了你的命。

大家容易忘记，香奈儿曾经有段时间是个过气的品牌。当时会穿香奈儿的，只有住在巴黎第十六区的女医生。没有人会走近这家店，这牌子无望了。

香奈儿本人自有其风格，但她称不上真正的优雅——这就是她的悲剧所在。

可可·香奈儿很邪恶吗？至少对男人不会。一方面，她是个“骗子”，无与伦比的魅惑者。另一方面，香奈儿厌恶女人，她曾说女人既污秽又邋遢……

我是个滑稽版的可可·香奈儿。

A touch of humour
and a bit of disrespect:
that's what ***a legend***
needs to survive.

一点点的幽默再加上一丁点儿的不敬：
这就是传奇要存活下去所需之物。

香奈儿是一种能被各个时代、各个年龄层接纳的风格，是衣柜的基本元素，就像牛仔裤、T 恤、白衬衫。香奈儿的小外套就等于男人的双排扣西装外套。

香奈儿小姐的天才之处，就在于在作品中引入了套装、山茶花或是金属链条，好像这些东西是她自己发明的似的。这有点儿类似卓别林和他那根拐杖、他的胡子，以及那顶礼帽。

香奈儿的风格是一场自我探索之旅，她所做的每件事都是为了她个人，为了主张她自己。这一点我非常理解。

我的爱猫丘比特不是典型的“香奈儿女子”。她更像女星珍·哈露（Jean Harlow）。

My work is not to make the Chanel suit survive, but to make sure **it lives.**

我的工作
不是让香奈儿套装活下去，
而是要确保它有生命力。

卡尔论奢华

KARL
ON
LUXURY

你得按照自己的想法生活。花掉你所有的钱，根据你为何而战的目标过生活。我讨厌试着“均贫富”的有钱人。此举实在惹人厌恶。

如果你要把钞票丢出窗外，那动作就得热情一点。别说“你不该这么做”。这太做作了。

LUXURY IS A DISCIPLINE

奢华是一种纪律

Often these days
LUXURY IS EXPENSIVE GOODIES BOUGHT BY NOBODIES
who don't have a luxury life.

通常，这年头无名小卒去买昂贵的好东西就叫奢华，

但这些人的生活可不奢华。

奢华是精神的自由、独立，以及某种程度的“政治不正确”。

重要的并非大家应该攒着钱不用，这钱得从他们的口袋中掏出来才对。

对人群的痴迷究竟是什么？孤独才是极致的奢华。

真正的乐趣在于收集，而非拥有。但是你要摆脱某种东西，你得先有那东西才行。从来没富有过的人说自己不爱钱，但根本不知其为何物。至于那些嚷嚷着自己不爱钱的富人，更是应该把钱吐出来。钱是用来流通的，而不是用来赚更多钱。我喜欢那些生活透支的人，他们会把钱丢出窗外，是冒险者。真正的危险在于富人害怕而且不愿花钱。

我讨厌拮据度日的有钱人。

MY GREATEST LUXURY IS NOT TO HAVE TO JUSTIFY MYSELF TO ANYONE.

我最大的奢华就是不必为了别人而调整我自己。

5
6
7
8
9
10
11
12
13
14
25
26
27
31
32
33
34
45
46
47
55
56
57
58

卡尔论身材

KARL *ON* BEING *IN* SHAPE

I worked out a lot before I was 20. I was hard underneath. I had just a little padding. I was quilted. Always Chanel...

我在 20 岁前勤于健身。

那时衣服底下的肌肉可是硬邦邦的，衣服只垫了一点，缝制了一些。

一直都穿香奈儿……

对我来说，生活极致的奢华就是多来一片吐司。这是世界上最美味的东西。

到了我这年纪，已经不必满身肌肉了，谢天谢地。如今自问穿上衣服的样子如何，会比自问脱下衣服的模样更好。

我又发现了我所有的肌肉，拥有了一具可到海滩展现的肉体，不过这已经不再是我的角色了。

我减重不是为了让人来乱摸，或是变得性感，而是想当个好看的衣架子。

我想当完美的紧身外套衣架。

我认为，不论对男性或女性，时尚都是敦促人减重的最健康的动力。

I WANT TO BE A CHIC COAT HANGER

我想要当一个时髦的衣架

MY ONLY AMBITION IN LIFE IS TO WEAR SIZE 30 JEANS.

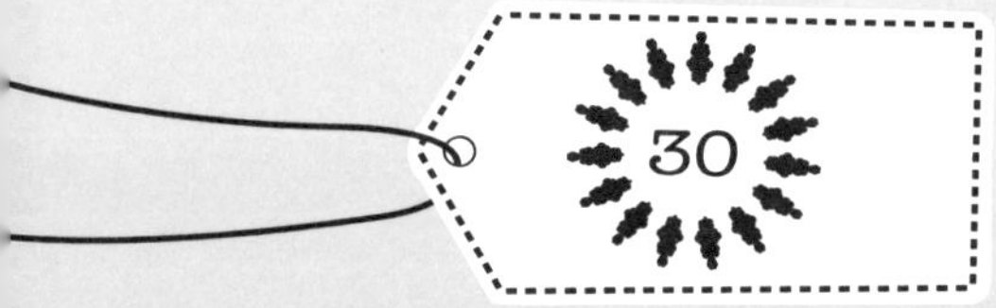

我此生唯一的志向就是穿上30码的牛仔裤。

在迪奥，或是其他品牌店里，他们都只要帮我改个小纽扣就可以。

买你想穿的尺码的衣服，把其他的衣服舍弃掉，全送出去；我保证，当你没有其他衣服可穿时，如果你胖了两斤，你就会努力减掉的。因为这世上没有其他东西会比一件穿起来太紧的裤子更恼人。

我的身材就像是那些小浴盆和洗手槽：Ideal Standard（理想标准）。

在法国，大家会说起旧制度时期(Ancien Régime)。我的“制度”不旧，永远都是新的。

没有人想在 T 台上看到胖女人。有些胖女人会拿着一袋薯片，坐在电视机前说那些纤瘦的模特儿很丑。时尚关乎的是梦想和幻象。

模特儿很瘦，没错，但她们不“那么”瘦。

对，有些人告诉我“你瘦到皮包骨了”。但瘦的人从来不会这样说我，只有那些应该多减点儿体重的人才会这么说。

减重是一场唯独当你有“损失”时，才算获胜的比赛。

A diet is the only game where you win while you’re losing.

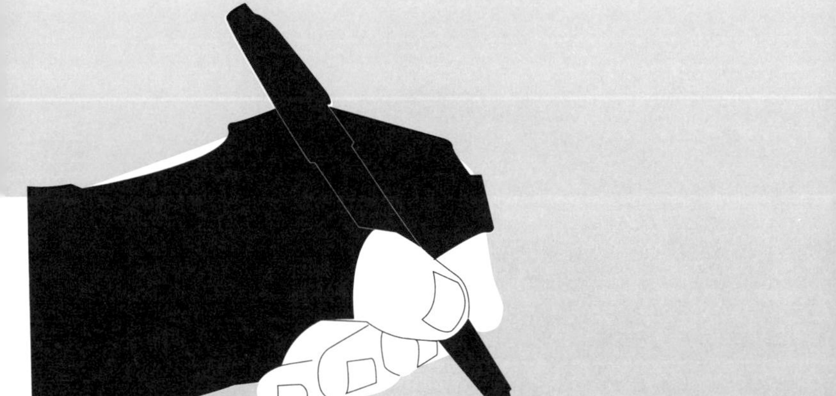

卡尔论设计

KARL *ON* DESIGN

我脑子里什么都有。

这样显然更好，因为可以把所有东西带着到处走。

*I have
everything
in my head.*

*It's obviously
better that way,
because you
can take it
everywhere.*

影响是飘散在空气中的东西。我就像电视天线，随时接收。

什么东西都吸取，我是收集、处理各种信息的卫星天线，而且会将信息重组。

我就是自己的计算机，而且我会记得所有见过的事物。我有成千上万的参考数据。

无论当下的氛围如何，我的角色是要创造，而非利用。女性消费者之后要做什么就随便她们了。

我喜欢将某事还原，以进行再造。这是我的动力。

I never learned to draw. That came by itself. I don't understand not knowing how to draw.

我从没学过绘画，这能力是自己冒出来的。我不明白也不懂绘画是怎么一回事。

我这辈子所有好的创作，都是我在睡梦中见到的。这就是我一直在床边摆上素描本的原因。

我最好的想法都是在我睡觉时自己来“找”我的。这正是我人生的戏剧性和乐趣所在。我不知道这些想法从何而来。我就是靠这个活下去的：无意识中诞生了真实。

任何和他人有关的事情我都不做，我只做和我自己有关的事。

你唯有和公认的想法作对，才是真正的设计。

我从不坠入情网，我爱的是我的工作。

你得去感受女人想要什么。这就像一场竞赛，一种挑战。

我从不去记什么东西。我的策略就是把所有的东西都燃烧殆尽，而后从零开始。

我会扔掉所有东西。垃圾桶是我最重要的家具。我不留档案的。

我永不满足，这是我的戏剧人生及好运的来源，因此，只要一个系列结束，我只想到要接着设计下一个系列。

我的工作就像呼吸。因此，要是没呼吸的话，我可就麻烦大了。

I am supposed **to do,**

I'm not supposed to remember.

我应该要动手去做，而不应该去回想。

I like **doing**

– not flaunting what I have done.

我喜欢实干——不爱夸耀过去的成就。

My life consists of forgetting what I have **done.**

我的人生由忘记所做过的事情组成。

I'm open to anything. For me, everything that is in accordance with the

zeitgeist

is OK.

我对任何事情都很开放。

对我而言，任何和时代精神一致的东西，都没问题。

把设计当成艺术是很做作的。服装设计者是劳动阶层，我属于劳动阶层。

我不太相信过去的档案数据，我从来没有什么档案，因此也不会给出什么档案。

我不会去分析我所做的东西。我动手时不带任何评价。我会提议。而我的生活就是充满提议的生活。

服装设计的目的就是让人感觉美好，而不是让人穿着一身塔夫绸表现出这世上的痛苦和磨难。

我们这一行的关键词就是“欲望”。
你得创造出一种欲望。

我在呼吸吐纳间画出设计图来。你不会刻意规律地去呼吸，一切都是自然而然。

我觉得，凡事态度严肃的设计师脑子都很僵化，而且荒谬。做衣服虽然重要，但那不过是衣服而已。毕竟你又不是齐克果（丹麦神学家）。

在这行，你得闭上嘴好好工作。要凭直觉做事。我不是生意人，我是个把眼睛所见到的东西画下来，希望这东西能问世成真的人。我讨厌故作聪明地讨论时尚。人人穿在街上走动的东西才叫时尚。

When I do something,
I do it 100 per cent.
I'm a professional
killer.

当我做某件事时，我会全力以赴。我是个“职业杀手”。

卡尔论争议

KARL *ON* BEING CONTROVERSIAL

我就像是一个永远得不到“高潮”的“时尚色情狂”。我从未满足过。

我不喜欢有人来访。他们可以来，可是入夜时就得离开。我厌恶杂乱。

当有人激怒我时，我会一语不发。我也喜欢“政治不正确”，因为我无法忍受所谓的“政治正确”。

我讨厌不知所云、模棱两可的话。如果我说了谁的坏话，一定是因为那些人对我做过什么，不管那是多久之前的事情。我认为，这就让我有权可以在我喜欢的任何时刻捉弄他们。

I ALWAYS SAY WHAT I THINK, AND SOMETIMES EVEN WHAT I DON'T THINK

我总会说出我脑子所想的，而且有时候甚至连没想的也说出口。

I hate intellectuals, especially if they are not very well dressed. Look at photos of people like **BERGSON** *: impeccable!*

Today they are all **A LITTLE SLOPPY**.

我讨厌知识分子，尤其是打扮很糟糕的。
看看哲学家亨利·路易·柏格森等人的照片吧：
无懈可击！
而现在这年头的知识分子
全都有点儿邋遢随便。

我当设计师不是来说些大话，或是制造大量古怪、不实穿的衣物，好让自己陶醉的。对我来说，让女人穿上我设计的衣服，而且她们也想拥有，这是最基本的。

如果我是俄罗斯女人，那么我一定会喜欢女人。俄罗斯男人实在长得不怎么好看。

拥有满头白发一直是我的梦想。免水洗发露让我沉醉。

这世上有那么多东西可以去看、去做、去读、去了解，你怎么可能会厌烦呢？要是厌烦，就表示你一定是个傻子。

法国前劳工部长玛蒂娜·奥布里说得没错：你没办法做让你厌烦的工作超过 35 小时。

知不知道自己账户里有多少钱。穷人才会问这种问题。

每个时代都会得到应得的东西。我们有了电话，这真是全世界最没礼貌的玩意儿。这年头的人，眼前摆了三部电话，他们打给别人，别人打给他们，就跟女佣一样。连我自己也是。

我这辈子从没投过票，也没想投票。我太了解政治运作的方式了。读报纸同样让我反感……你若要投票，还得先相信政客所许的承诺，但他们才不会信守自己的承诺。不过，要是你给我一枚奥巴马的胸章，我倒是不介意把它给戴上。

当我看到有人露臂，我不会觉得受扰。当有人展露自己的感受时，才真会吓到我。

我想什么就说什么，因为我是个自由的欧洲人。

I hate intellectual conversations.

I'm only interested in my own opinion.

我讨厌理智的对话。我只对自己的意见感兴趣。

除了一位男助理，我只和女人工作。我和男人共事向来都会遇到麻烦。因为他们在某些特定时刻，会觉得自己比我优秀。他们会变得以自我为中心，因此会心想，要是我办得到，他们一样也可以。

和我共事的男人一定非常受挫……他们不是我。我这么说很恶毒，但很多男人，不论年纪大小，都认为自己比我更具天赋，但这些人全失败了。我和女人共事就没有这个问题。

我母亲说，她向来都不是个女性主义者，因为她长得还不够丑。

我的墨镜就是我的面罩。

当我还是个小孩子时，我和姐姐被送到滑雪胜地奥地利基茨比厄尔，她在那里马上溜去和教练鬼混，我则是无聊得要死。从那天起，我就发誓再也不参加冬季运动了。

对女人而言，高级定制成衣通常就是整形手术——高端、时尚。好像什么东西得被“提拉”一下一样。

这世上没有公平存在。社会的不公几乎是唯一的公平。如果一个女孩子长得不美，而且屁股快垂到地上了，能怎么办？她永远不可能变成克劳迪娅·希弗（Claudia Schiffer，曾被评为“世上最美的女性之一”），这才是真正的不公平。

I HAVE NO HUMAN FEELINGS.

我没有人类的感情。

KARL
LAGERFELD

卡尔论名流

KARL *ON* CELEBRITY

我绝对不写回忆录。因为我没有什么好说的，而且要写的话，我还得提到那些我不想谈的人。

如果我的知名度比一些同行朋友高，那也许是因为我"大嘴巴"爱"炮轰"。我的名气和我的职业无关。

如果我得把他们写进来的话，我的回忆录得在我去世后才出版。在我死之前，我办不到，因为我有太多账要清算了。

我不想当别人生活里的真实人物。我希望当一缕幽魂，忽隐忽现。

I'VE BECOME LIKE A LACOSTE ALLIGATOR.

Soon I'll have to be sewn onto clothes.

我已变成 Lacoste 牌子上的
那条鳄鱼了。
我很快就会被人绣在衣服上面。

KA
RL
ISM
S?

卡尔主义Ⅱ

KARLISMS 2

我讨厌时光流逝。

我憎恶小人。他们是世上最邪恶刻薄、最会记仇的物种。

我喜欢可控范围内的疯狂想法。

我讨厌鸵鸟皮。那会让我想到脸上长暗疮的木乃伊。

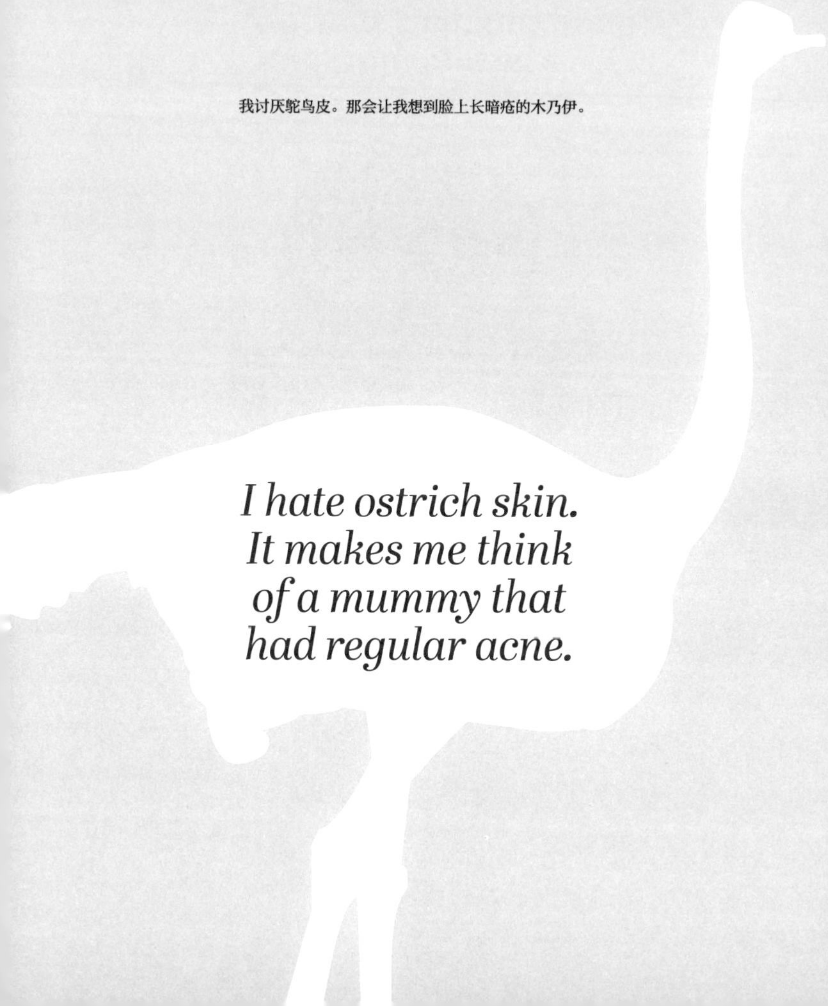

I hate ostrich skin.
It makes me think
of a mummy that
had regular acne.

There's nothing more mind-numbing than people who talk too much

– that's why I prefer silent movies.

没有什么能比多嘴的人更让人脑袋麻痹的。

这就是我喜欢默片的原因。

我不喜欢动物惨遭屠杀，我也不喜欢见到人类被残害，不过，人被残害在这世上显然比较常见。

我对默片有所偏好。我不喜欢大声谈话。

能量应该一直是新的。这世上没有老的能量存在。你无法囤储能量，电力是可以储存的，创意可不行。

我讨厌在家里摆电视。看到那些不存在于屋子里的人会让我害怕。我不想让闹剧或悲剧入侵我那完全无菌的、安详的宇宙。

我不喜欢“古董”这个词
——特别是用在人身上的时候。

在真正的低俗中，总存有某些让我感动的真实之物。

人生的必要之事，就是不断地再造自己。

时代就是时代的样子。我们要接受这时代，而不是让时代来接受我们。这可不是量身打造。

我的座右铭是“过去并无光彩”。你之前做过什么可不会生出利息来。

如果你近视的话，摘下眼镜后的十分钟，会像是一条想被人带到池子边的救难犬。这不是我要的模样，所以我戴起墨镜。

青春体现了真正的社会不公。那是无人此生可以长驻的俱乐部。

我在薄冰上滑行，而且我得在这片薄冰崩裂之前保持前进。

我不是预言家，而是个时尚裁缝。

对我而言，会做我不会做的事情的人才有意思。

让我感兴趣的不是真实，而是我对真实的想法。

致敬和尊崇会让你麻痹。我来这里是要重设闹铃的。

我喜欢众女神，因为她们是第一批获得解放的女人，可以为所欲为。女神和缪斯都是女性主义者。

我喜爱工作的那一部分，就是工作本身。

WHAT DO I LIKE ABOUT PHOTOS?

THEY EVOKE A STATE THAT'S IMPOSSIBLE TO REPRODUCE, GONE FOREVER.

我怎么看待照片？

照片召唤出一种无法再现、

永远逝去的状态。

卡尔论书

KARL *ON* BOOKS

我一向读书不少，直到现在。但我不喜欢拿来炫耀。如果大家认为我很蠢，很肤浅，我并不在意。他们喜欢怎么想就怎么想。

我可以同时读 20 本书。

阅读是我生活中最大的奢侈，是最能让我感到快乐的事。

书本是我的血液，也是我的世界。我一直都明白自己对书的激情，受其吸引。我知道书对人可以有何影响。将书永久收藏，有书相伴真是令人安心。

I DON'T READ TO TALK ABOUT IT

–I hate intellectual conversations.

JUST TO KNOW.

我读书不是为了讨论——我厌恶理性的交谈。

只是想知道世事而已。

BOOKS ARE A HARD-BOUND DRUG ON WHICH YOU CAN'T OVERDOSE.

I am the happy victim of books.

书本让人上瘾，永远不会过量。我是书本最快乐的“受害者”。

对我来说，买书真是一种病，但我不想被治愈。

你应该花时间好好去读读你买下的书，叔本华就是这么说的。

我没书就没法过日子。一间屋子要是没书，就与人“断气”无异。

书的气味是世上最美妙的香气。

我对书疯狂。书本是我人生的悲剧与极乐。

我是书本的自愿受害者。

我喜欢当代艺术，但我可不想在家里摆艺术品。我只想在家里藏书。

我有三份工作：时尚、摄影和书籍，这些都对我有所启发。

不管我的行程有多繁忙，我一直都会读书，受到永远不安的良心驱使，又会读得多一些。看看我的住处你就明白问题有多严重。

对我来说，阅读是一种严重的疾病，一种病态的执迷。

我是书本的奴隶。

I WANT
to read
everything,
to see everything,
to be informed.

I am a
PAPER ADDICT,
a ***PAPER FREAK,***
a ***PAPER-WORM.***

我什么都想读，什么都想看，什么都想知道。

我是个纸张上瘾者、纸张狂，是只蠹虫。

卡尔和母亲

ELISABETH *ON* KARL

I had the parents
I needed:

A FATHER
who let me do everything

AND

A MOTHER
who put me in my place
and gave me a clip
round the ear.

我有我所需要的父母：

我爸爸让我为所欲为；

而我妈妈让我安分守己，并且会赏我耳光。

母亲会这么告诉我："你得离开汉堡。你在这里的确能成为绘画老师，但我怀胎九月生你可不是为了这个。"

一谈到男士的优雅，我母亲总会举两个德国人为例——凯斯勒伯爵（Count Kessler）和瓦尔特·拉特瑙（Walther Rathenau）："他们都是伟人，其他的不过是无名小卒，就算了吧。"

我母亲说："我挺佩服你正在做的事情，因为这证明了你不是势利眼。势利眼可不会如此工作——你没有充分利用你的潜能。"

当我 11 岁的时候，我问母亲什么是同性恋。她说："这不重要。就跟人的发色一样，有些人是金发，有些则是棕发。"

我老是迟到，这是我人生的悲剧。我比预产期晚了三周才出生。我母亲说，她那时每天都到诊所报到，因为她不希望把家里搞得"一团糟"。而这三周的时间我永远拿不回来。

在我还是个小孩子的时候，我很喜欢帽子。我会戴上提洛尔帽，而我母亲告诉我："你不该戴帽子，你看起来就像是老年女同性恋。"她很有趣，不是吗？

I was born in a port
city, Hamburg.
My mother
would say:

'It's the gateway
to the world,
but it's only
the gateway.
So get out
of here!'

我出生于汉堡这个港口城市。
我母亲曾说："这里是连接世界的出入口，
不过，就只是个出入口而已。
所以，快离开这里。"

MY MOTHER
TRIED TO GET
ME TO PLAY
THE PIANO.
ONE DAY SHE
SHUT THE
PIANO LID
ON MY FINGERS
AND SAID:

'DRAW!
IT MAKES
LESS NOISE.'

我母亲曾试着让我学钢琴。

有一天，她把琴盖压在我手指上，说：

“去画画吧！

那样比较不会制造噪声。”

有一次，我母亲提到“男人”这个话题：“随便和哪个男人都能生出个小孩来。人不应该夸大自己的重要性。”

当她和某个爱人分手时，我听到她说：“这男人不再需要我给他增长灵性了。”

你只有对自己有兴趣，才能对其他人更有用。我母亲曾说：“你永远不该过度牺牲自己，因为这么做会让你事后没有什么东西能给别人。所以，管好你自己，那么他人就能对你感兴趣，而且你对他们才会有用处。”

我母亲还说：“我得带你到家居店里去，你的鼻孔太大了——得装个窗帘才行。”

母亲一辈子都会告诉我：“你看起来像我，但逊色许多。”

All my life, she would say to me:

‘You look like me, BUT MUCH LESS NICE.’

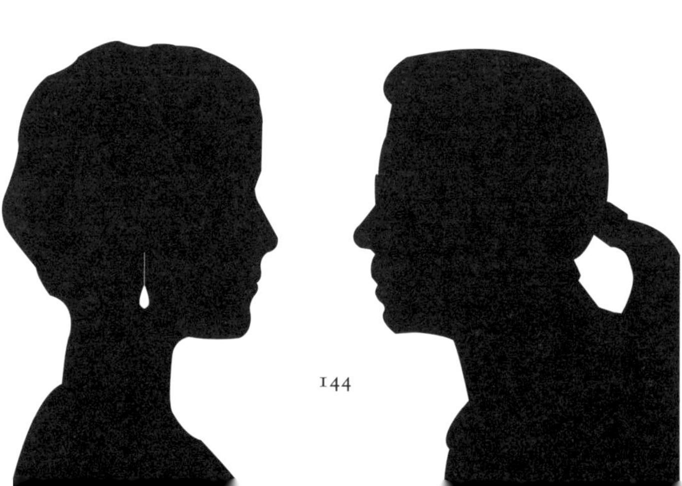

我母亲认为，身材苗条是人生最重要的事情。当她来巴黎探望我时，会这么告诉我："还真遗憾，你没办法从背后看到你自己的模样。你的屁股还真大。"

我 14 岁时，我希望像我母亲那样狠狠抽烟。我想靠抽烟装出成熟的模样。我母亲告诉我："你不该抽烟的。你的手又不漂亮，抽起烟来，只会更加惹人注意。"

我记得母亲在我 24 岁生日时打电话给我。她说："噢，对了，人啊，年过 24，接着就会一直走下坡路了。所以你最好从现在开始注意点儿。你可以跟你的青春告别了。"

在我还是个小孩子时，我侧边的头发有时会翘起来。有一天，我母亲对我说："你知道自己看起来是什么模样吗？活像一只斯特拉斯堡壶。"你知道，就是壶把很可笑的那种……

我母亲总是这么说："你若是说些没营养的话，那就说快一点儿，我们可没时间浪费。"而且她会马上起身走出门外。

我父亲过世时，我母亲卖了房子，把原来我房间里的家具送来给我。这些我到现在都还留着。我对她说："可是我的日记还在书桌里啊！"她回道："我把它给扔了。难道这世界真的有必要知道你是个蠢蛋吗？"

My mother had great nerve.

IN COMPARISON I'M A SHRINKING VIOLET.

我母亲就算泰山崩于前，也面不改色。相形之下，我只是朵瑟瑟发抖的紫罗兰。

卡尔论卡尔 II

KARL *ON* KARL 2

我最不会去做的事情，就是定义自己。明天的我可能会跟今天的我截然不同。

什么是我知道该做的？完全没有。我有些粗略的想法，说一点点、画一点点，感谢上天，有人能帮我把这些想法落地成真。我从没研究过，而且也没有合格证书。

我跟我的脸一样老。

就某种层面而言，我是无龄的，我不属于任何时代。

若有什么是我毫不在行的，那就是“政治正确”。

How old am I?

EVERYONE KNOWS THAT I'M

100 years old

– SO IT DOESN'T MATTER.

我年纪多大？

每个人都知道，我 100 岁了——所以这不重要。

I don't recommend myself as a guest.

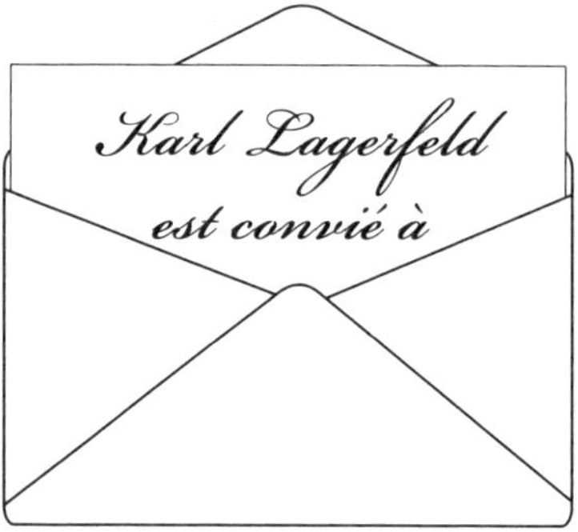

我不会自荐为宾客。

我不会煽动人去犯罪，但我也不会花费丝毫心力去帮助他人求生。

对某些人来说，我可能很可怕，但对我自己可不会。我知道这副黑色墨镜底下藏的是什么。

我从不自命不凡。我对别人一向宽宏大量。因为我只对自己，或是我认为有意思的东西感兴趣。而且，让我有兴趣的，绝对不会是其他人。

有个占卜师曾告诉我母亲，说我会成为牧师，但她不希望事情这样发展。所以，她不准我上教堂。在我童年时，我从没参加过婚礼或葬礼，即便连礼拜也没去做过。

我在很久之前就不再思考任何关于我自己的事情了。

从我和“自我”达成共识的那一刻起，我就能让自己变成任何想要的样子。

我不介意当个怪物，但这总得有个限度。

关于我，有一件最重要的事情你应该知道，那就是你从别人那里听到的不全为真。

我喜欢人看起来不友善，而你可以去发掘他们真实的一面。我也从来不微笑，我认为这很愚蠢。

I've gone beyond

ego.

我已经超越自我。

挫败感是犯罪之母，而我一点挫败感都没有。

对我这样的人而言，孤独是一种胜利，一种挣扎。

我总是会有多余的行囊。

我一直都很忙碌。你知道，我越忙，想法就越多——这实在很有趣。若人的大脑是肌肉，我就是健身者。

眼神表达出的情绪，并非我真正想公之于世的东西。这就是我为什么戴上墨镜。

It's my puritan nature that sustains me. It doesn't have much to do with my education, but a lot with MY PRUSSIAN BACKBONE: you can't jump over your own shadow...

把我支撑起来的，是我的清教徒天性。
这与我受的教育没有太大关系，
但和我的普鲁士志气关系很大：
人无法越过自己的影子……

Maybe I'm better on answers than on questions.

也许我回答问题比提问更在行。

这世上有件事情我最热爱：那就是学习。

这世上也许有五个人的批评我会在乎。而其他人的意见，不过是他们的想法，我毫不在意。

我对自己从不满意，我总认为自己还能更好，认为自己很懒惰，不够努力。

我喜欢去了解事情，所有的事情，去增长见识。我像是万物的“门房”，而不是知识分子。

我在家里从不戴墨镜，没必要。

I HAVE A CLIENT MENTALITY. I LIKE TO SHOP.

我有顾客心态。我喜欢“血拼”。

我还是喜欢呈现出肤浅的形象。我不愿严肃。我喜欢说些蠢话，表现出仿佛我很傻的模样，是个肤浅之人，因为这世上没有什么比知识分子言以载道更无聊的事情。我可不是传教者。

我出门时从来不会忘记戴上我那“声名远播”的墨镜。我喜欢观看，而不是被观察。

我喜欢所有可清洗的东西，连我自己亦然。

我一直都知道自己就该这么生活，我就是这样的传奇人物。

我不介意仁慈待人，但这一定不该表现出来。

我只知道扮演一个角色：我。

我不打算冷静下来，因为这不是我的本性。

我厌恶遗留什么事物来影响他人。结束就是结束了。我反对回忆。时间到了，你就得停止。我钦佩野生动物，当它们死了，你就再也见不到它们。

I'm like
perishable goods:

what I say
doesn't keep.

我喜欢会腐朽的东西：我所说的将不会留存。

SOURCES

资料来源

媒体、报刊和书籍

Air France magazine • Another Mag • Art Auction • Bazaar • Connaissance des Arts • Daily Telegraph • Depeche Mode • Die Zeit • Elle • Elle UK • Elle Decoration India • France 2 • France 3 • Glass • GQ • ID magazine • Independent Style Magazine • Infolunettes • InStyle • L'Express • L'Officiel de la Mode • Le Figaro • Le Figaro Madame • Le Figaro Magazine • Le Parisien • Le Point • Le Temps de la Mode • Les Échos • Les Inrockuptibles• Libération • Libération Next • M le Magazine • Magazine • Marie-Claire • Metro • Mirabella • Mixte • New York Times Style Magazine • Newsweek • New York Magazine • Numéro • Observer Magazine • Obsession • Paris Capitale • Série Limitée • Stiletto spécial Chanel • Tatler • Télérama • The Times Luxx Magazine • Town and Country • Vice • Vogue Australia • Vogue France • VSD• W Magazine–Ykone • Süddeutsche Zeitung Magazine • The Karl Lagerfeld Diet

纪录片及采访

Canal+ • CNN • Interview with Frédéric Beigbeder • Europe 1 • France 2 • France Inter • Gulfnews.com • Interviews by AlexandraGolovanoff • Karl.com • Karl Lagerfeld se dessine (Loïc Prigent,2013) • Lagerfeld Confidential (Rodolphe Marconi, 2007) • Paris Première • Programme Nijinsky 2004 • RTL • TF1 • ZDF

关于序言作者和编者

帕特里克·莫列斯，作家、出版人。

其著作逾 30 部。莫列斯在写作生涯之初即结识拉格斐。

让-克里斯托弗·那皮亚斯（Jean-Christophe Napias），

作家、译者、编辑。

桑德琳·古尔本基安（Sandrine Gulbenkian），编辑。